MARIO GMÜR

Büroklammern
verbiegen

www.bueroklammern-verbiegen.de

Alle Rechte vorbehalten
Copyright © 2015 by Kein & Aber AG Zürich – Berlin
Coverbild: rusm / Getty Images
Gestaltung und Satz: Carla Schmid
Fotografien: Zoltan Gabor
Druck und Bindung: Kösel GmbH, Altusried-Krugzell
ISBN 978-0369-5717-3

www.keinundaber.ch

MARIO GMÜR

Büroklammern verbiegen

KEIN & ABER

Inhalt

»Schauen Sie mal in Ihren Papierkorb neben Ihrem Schreibtisch.«

Einleitung

Das Verbiegen von Büroklammern ist ein menschlicher Urtrieb. Irgendetwas an diesen kleinen praktischen Gegenständen verleitet uns dazu, sie in die Hand zu nehmen und daran herumzudrehen. Jeder tut es. Sie glauben mir nicht? Dann schauen Sie mal in Ihren Papierkorb neben Ihrem Schreibtisch. Vielleicht sind Sie überrascht über die große Menge an verbogenen Drähten darin, aber das müssen Sie nicht sein. Denn das Verformen von Büroklammern geschieht, wie so vieles in unserem Leben, teilweise unbewusst.

In meiner Praxis in Zürich sitze ich gewöhnlich den Patientinnen und Patienten an meinem Schreibtisch gegenüber. Wie auf jedem anderen gut sortierten Schreibtisch befindet sich auch auf meinem eine Schale mit Büroklammern. Sie scheint besonders einladend zu sein, denn mir fiel irgendwann auf, dass im Laufe des Gesprächs die Patientinnen und Patienten immer wieder hineingriffen, um während ihrer Ausführungen mit einer Klammer zu spielen, mit ihr zu hantieren und sie – als wäre es das Normalste auf der Welt – zu verbiegen. Nach der Sitzung ließen sie sie meist liegen oder warfen sie beim Hinausgehen in den Mülleimer. Ich aber fing an, sie zu sammeln und aufzubewahren.

Die nächsten Schritte waren schnell getan: Ich ließ die verbogenen Büroklammern von dem Fotografen Zoltan Gabor fotografieren und entwickelte mithilfe der Bilder einen Test. Es ist ein Test, den jeder durchführen kann und der einem ein Psychogramm zuordnet, eine Charakterisierung der eigenen Persönlichkeit. Oder der Persönlichkeit, die der eigenen Wunschvorstellung entspricht. Er offenbart auch unbewusste Neigungen. Es ist ein Test, der nicht von letztem Ernst ist, aber – wie die Ergebnisse von zahlreichen Probanden zeigen – erstaunlich nahe bei der Wahrheit liegt. Wenn es Psychologie gibt, dann ist auch dieser Test zutreffend! Das Buch, das Sie in den Händen halten, ist somit ein Bilderbuch, ein Lesebuch und ein Persönlichkeitstest.

Um den Persönlichkeitstest so unvoreingenommen wie möglich in Angriff zu nehmen, empfehle ich, die Texte zu den einzelnen Klammern erst im Nachhinein durchzulesen. Das Testresultat legt Ihren Charakter natürlich nicht ein für alle Mal fest – es könnte Ihrem realen Charakter entsprechen oder aber auch Ihrem Wunschbild, es könnte ein bisschen zu positiv ausfallen oder zu negativ. Der Test soll für Sie vor allem ein Anstoß sein, sich für Psychologie ganz allgemein zu interessieren und sich über sich selbst und Ihre psychischen Merkmale und Besonderheiten Gedanken zu machen. Und wenn Sie dann nach dem Test noch die Psychogramme zu allen sechzig Figuren lesen, so haben Sie schon ein halbes Psychologiestudium absolviert und Ihre Menschenkenntnis sehr bereichert. Sollten Sie weitere Testbogen benötigen, so können Sie sich diese ganz einfach auf www.bueroklammern-verbiegen.de ausdrucken.

Die Titel der einzelnen Klammern (Seite 206), dies sei hinzugefügt, beziehen sich nicht auf Sie als Testperson, sondern auf die Figuren als Kunstwerke. Beginnen Sie nun mit dem Persönlichkeitstest auf Seite 139.

Büroklammern verbiegen

»Das Verbiegen
von Büroklammern
ist ein menschlicher
Urtrieb.«

1

Sie verfügen über einen gesunden Ehrgeiz und Antrieb. Sie sind ein Befürworter zukunftsweisender zivilisatorischer Bestrebungen, sind indessen weder fanatisch noch borniert. Sie haben stets das Allgemeinwohl im Auge, ohne mit anderen zu rivalisieren, sind aber gerne in der vordersten Reihe mit dabei. Unverkrampft sind Sie Wegweiser oder Förderer progressiver Entwicklungen, sei es mit eigenen kreativen Ideen, als Sympathisant oder als Mäzen. Sie haben ein offenes Ohr für Ideen und Anregungen und sind ausgesprochen neugierig. Sie nehmen unvoreingenommen auch gegensätzliche Standpunkte zur Kenntnis und lassen diese in wohlwollender Weise nebeneinander bestehen, verfolgen Ihren eigenen aber doch sehr zielstrebig.

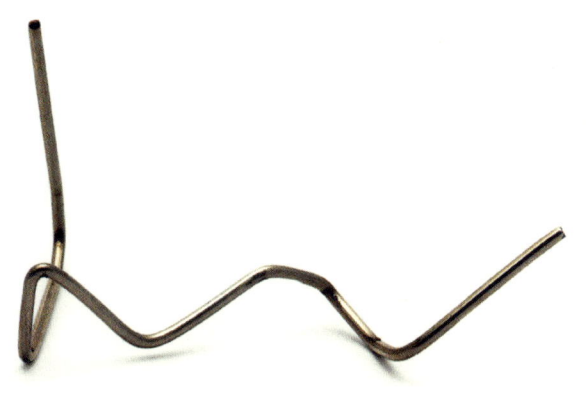

2

Obwohl Sie sich nur langsam fortbewegen, werden Sie rechtzeitig ankommen. Sie sind auch präsent, wenn Sie abwesend sind, denn man rechnet mit Ihrem Kommen, ja man erwartet Sie oft ungeduldig. Sie erheben sich nicht über andere, machen ihnen keine Konkurrenz, und trotzdem kommen Sie auf Ihre Rechnung. Sie haben sich gründlich umgeschaut und das wahrgenommen, an dem die anderen unaufmerksam vorbeigeflitzt sind. Sie halten sich an die Devise: je langsamer, desto intensiver – und je weiter unten, desto geringer die Fallhöhe.

3

Sie sind ein sinnlicher Gefühlsmensch und lassen sich verführerische Angebote nicht entgehen. Mit Schwung und Eleganz geben Sie sich ihnen hin, und Sie liefern eine formvollendete Performance ab. Sie feiern sozusagen ständig Honeymoon und lassen sich das Glück nicht durch Belastungen und Missstände des Alltags vermiesen. Weder die Anforderungen der Leistungsgesellschaft noch die Schikanen der Bürokratie vermögen Sie von der Genusssuche abzubringen. Sie vertrauen auf Ihre eigene Intuition und Virtuosität. Vergnügen und Pflicht, Ernst und Spaß gehen bei Ihnen eine glückliche und meist störungsfreie Symbiose ein.

4

Es gefällt Ihnen, Verwirrung zu stiften, zu irritieren und zu schockieren. Dabei können Sie recht handfest zu Werke gehen. Das Schlagzeug liegt Ihnen mehr als die Harfe. Als Enfant terrible ziehen Sie mit Ihrem Klamauk die ungeteilte Aufmerksamkeit Ihres Publikums auf sich. Sie sind nicht wählerisch und schaffen es auch mit einfachen Mitteln, etwas Brauchbares auf die Beine zu stellen und diesem eine Krone aufzusetzen. Das Amt des »Dorfkönigs« ist in greifbarer Nähe.

5

Sie scheuen das Rampenlicht, sorgen aber für Zündstoff. Sie fristen Ihr Leben in den unteren Kategorien und auf den hinteren Rängen. Doch Sie gewinnen heimtückisch die Herrschaft über das Ganze, indem Sie plötzlich mit sprühender Energie wie ein Vulkan das glühende und leuchtende Magma über die ganze Umgebung werfen. Sie haben das Potenzial, die Welt in Flammen aufgehen zu lassen, und sichern sich dann einen Logenplatz für das Spektakel.

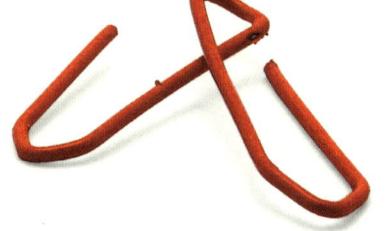

6

Sie sind ein aufrichtiger Mensch im doppelten Sinne: Sie ducken sich nicht, und Sie verbergen nichts. Erhobenen Hauptes durchschreiten Sie die Welt, ohne dass Ihnen das als Hochmut oder Hochnäsigkeit angerechnet wird. Sie sind selbstzufrieden, aber auch besinnlich und nachdenklich. Sie wünschen sich eine rundum gerade Welt, und Ihre Mitmenschen holen gerne Rat bei Ihnen. Ihre Noblesse strahlen Sie mit Bescheidenheit aus.

7

Sie verfügen über eine bemerkenswerte Begabung und erzielen ordentliche bis gute Leistungen. Sie sind von einer natürlichen Anmut und erheben nicht lauthals Anspruch auf Lob, obwohl Sie es sich im Geheimen wünschen. Auf Kritik reagieren Sie empfindlich, ziehen sich sogar beleidigt zurück, weil Sie sich im Zustand der Kränkung und Scham nicht mehr zeigen wollen. Durch dieses Verhalten verbauen Sie sich Ihre Zukunftschancen, und Ihr Selbstwertgefühl kümmert dahin.

8

Sie lieben die Darstellung, die Präsentation.
Es gefällt Ihnen, einem interessanten oder reiz-
vollen Objekt gegenüberzutreten, es allenfalls
zu fotografieren. Auch Sie selbst posieren gerne, zeigen sich mitunter sogar etwas protzig.
Sie lassen lieber Bilder sprechen, anstatt viele
Worte zu verlieren. Es bereitet Ihnen oft Spaß,
anderen den Weg zu versperren oder ein Nein
entgegenzuschleudern. Jedenfalls ertragen Sie
es gut, wenn Sie einsam dastehen wie die Wa-
che vor dem Buckingham Palace und geduldig
auf Ihre Ablösung warten. Sie haben bescheide-
ne Ansprüche an das Leben, sind stramm und
ergeben dem Bisherigen verpflichtet und stren-
gen sich nicht besonders an, in Ihrer Umgebung
eine große Dynamik in Gang zu setzen.

9

Sie wollen nicht hoch hinaus. Sie haben keine hochtrabenden Karrierepläne oder gar Größen- ideen. Aber Sie geben sich Mühe, durchschnitt- lichen Anforderungen zu genügen. Ihr Trainings- ziel ist die Stärke in der Mitte. Sie drängen nicht an die Spitze oder an die Front, möchten aber auch nicht abgehängt werden. Es ist Ihnen kein Bedürfnis, sich anderen zu unterwerfen. Sie pfle- gen einen gesunden Minimalismus: Für körper- liche Anstrengungen sind Sie eher zu haben als für soziale und akademisch ehrgeizige Unterneh- mungen.

10

Geborgenheit und Herkunft sind Ihnen wichtiger als beruflicher Erfolg und sozialer Aufstieg. Sie wissen auch das Kleine, Niedliche, noch Unreife zu schätzen und gewinnen den neckischen Schönheiten am Rande mehr ab als pompösen Werken. Sie lassen sich nicht beeindrucken und blenden. Sie sind nicht elitär, sondern geben allen ernst gemeinten und redlichen Bemühungen eine Chance. Gegenüber kleinen Lebewesen regt sich in Ihnen ein Beschützerinstinkt. Die Familie ist Ihnen ein sicherer Hafen.

11

Sie kommen geradlinig und offen, arglos und unverdächtig daher, und Sie erwecken den Eindruck, hilfsbereit zu sein. Sie verfügen aber auch über die Fähigkeit, andere unbeobachtet zu beobachten, ihnen unbemerkt in die Tasche zu greifen und sich im Nu davonzumachen. Sie profitieren von Ihrer stabilen und geschmeidigen Konstitution und können Ihre moralisch vielleicht nicht so edlen Fähigkeiten auch in den Dienst des Gemeinwesens oder der Öffentlichkeit stellen. Sie wären geeignet für den Einsatz im Spionagedienst.

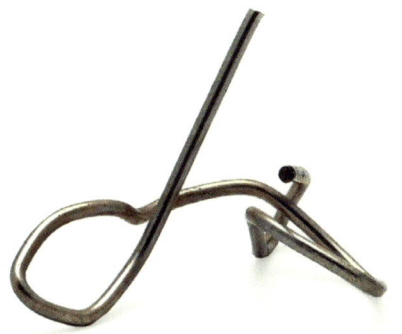

12

Sie sind ein neugieriger, geduldiger Beobachter, ob als Astronom, Ornithologe, Soziologe oder einfach als Mensch. Sie werden nicht müde, die Vorgänge und Phänomene um Sie herum in Augenschein zu nehmen, zu betrachten und zu erforschen, auch ohne Ihr Vorgehen vorher geplant zu haben. Sie öffnen alle Ihre Sinnesorgane und nutzen Ihren Müßiggang, um umherwandernd und umherschauend Ihr Wissen zu vermehren und Ihren Horizont zu erweitern. Es macht Ihnen nichts aus, abseits vom hektischen Rummel in der Einsamkeit Ihren Forschungen nachzugehen. Von der Diktatur der Geschwindigkeit lassen Sie sich nicht terrorisieren.

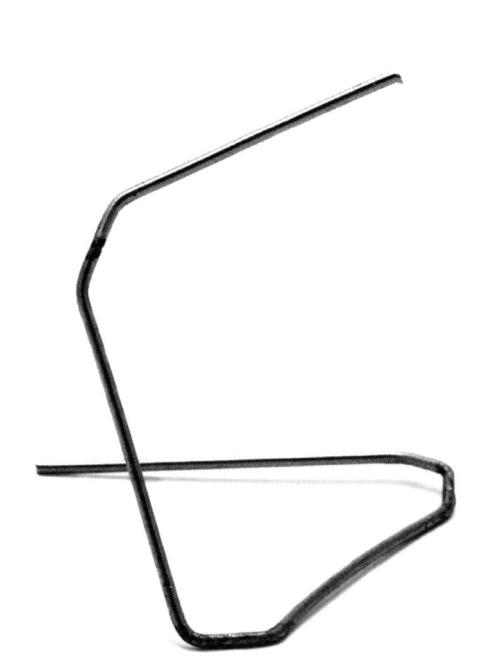

13

Sie leben nach der Devise »Schuster, bleib bei Deinem Leisten«. Sie sind unprätentiös und stehen abgehobenen, virtuosen Pirouetten, ja generell der Moderne, skeptisch gegenüber. Es ist das altbewährte Handwerk, das Sie lieben und bevorzugen. Die urwüchsige Natur ist Ihnen näher als die Geistesblitze der Intellektuellen. Sie beschränken sich auf das Lebensnotwendige und Praktische und meiden den künstlichen Glanz. Die Farben des Regenbogens vermögen Sie genügend zu begeistern.

14

Sie sind zwar nicht tief verwurzelt, stehen aber bodenständig im Leben und sind von robuster Natur. Sie leisten sich keine Fehltritte und lassen sich nicht ohne Weiteres aus dem Feld räumen. Niemand jagt Sie leicht ins Bockshorn. Ihre Offensiven sind durch defensive Schutzvorrichtungen abgesichert, weswegen Sie kaum ernsthaften Angriffen ausgesetzt sind. So schnell haut Sie nichts um. Im Übrigen verstehen Sie es, sowohl mit dem Zweihänder als auch mit dem Florett zu kämpfen.

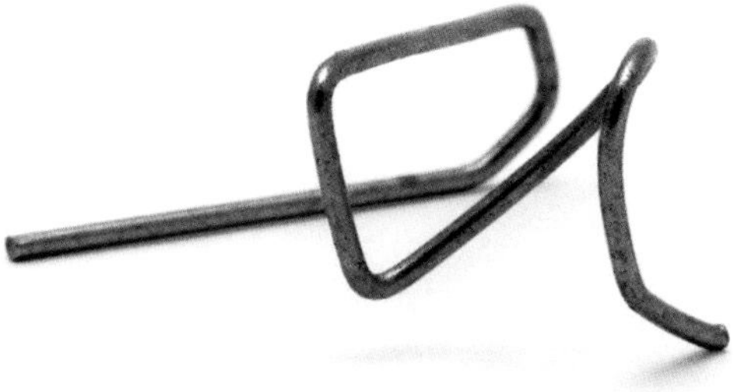

15

Sie neigen zu Unschlüssigkeit, fürchten den Konflikt, gehen immer einen Schritt vorwärts und zwei zurück. Sie befürchten, dass Sie auf dem Weg zum Ziel schon etwas verloren haben. Risiken scheuen Sie, Sie wagen sich nie weit auf dünne Äste hinaus und wägen alle Ihre Entscheidungen übervorsichtig ab. Obwohl Sie über ein gerüttelt Maß an Energie verfügen, sind Sie ein Langweiler, weil Sie ängstlich alle Ihre Intentionen absichern, bevor Sie sich weiter bewegen.

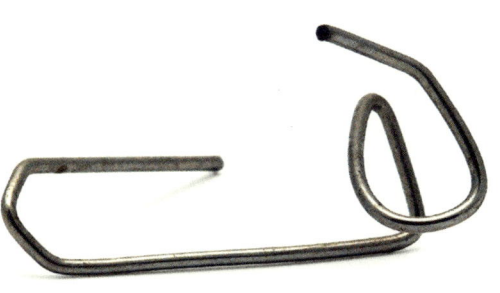

16

Sie besetzen den ganzen Ihnen zustehenden Raum. Sie überwachen ihn, in ständiger Angst vor fremden Mächten und Eindringlingen, die ihn Ihnen streitig machen könnten. Diese Überwachungsmanie raubt Ihnen jene Kraft, die Sie für kreatives produktives Schaffen benötigten. Trotz Ihrer eindrücklichen Präsenz bringen Sie daher keine Entwicklung in Gang, handfeste Resultate können Sie nur selten vorweisen. Sie werden in Ihrem endlosen Stellungskrieg als sich selbst genügendes Bollwerk in die Geschichte eingehen.

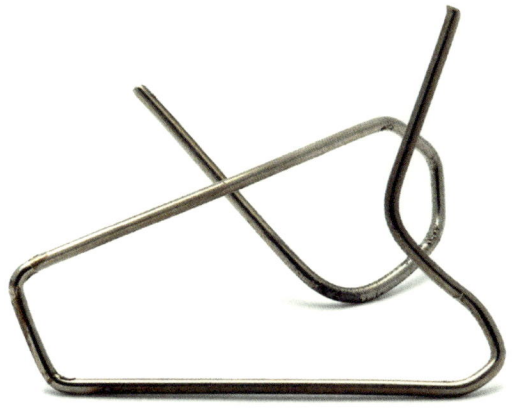

17

**Sie sind von behäbiger, gemütlicher und froh-
gemuter Natur.** Die Leute bringen Ihnen spontan Sympathie entgegen, lassen sich allerdings
von Ihrem betörend wirkenden Zauberstab ver-
führen, was später auch zu Irritationen führen
kann, die Ihnen womöglich unerwartet Probleme
verursachen. Sie verfügen aber über genügend
inneren Raum, um sich zurückzuziehen – ein Re-
duit, in dem Sie sich luxuriös einrichten, rau-
schende Feste feiern und Ihr nächstes Zauber-
stück vorbereiten.

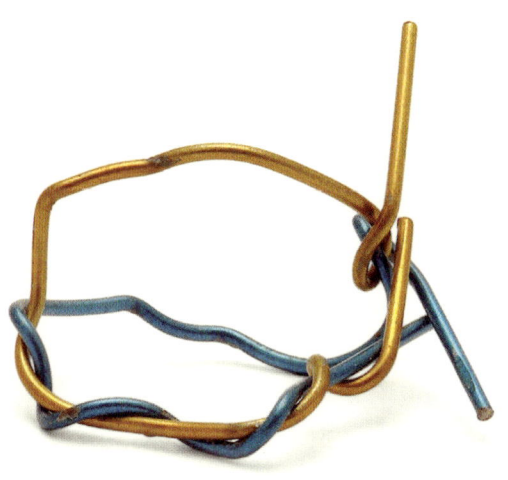

18

Auch wenn Sie eine Niederlage erlitten haben oder gar am Boden zerstört sind, resignieren Sie nicht: Sie raffen sich auf und stürzen sich abermals in den Kampf. Sie probieren immer wieder neue Varianten, um Lösungen zu finden und ein Comeback zu feiern. Unermüdlich spielen Sie »Mensch ärgere dich nicht!«, Resignieren ist für Sie eine Todsünde. Man muss immer wieder mit Ihnen rechnen.

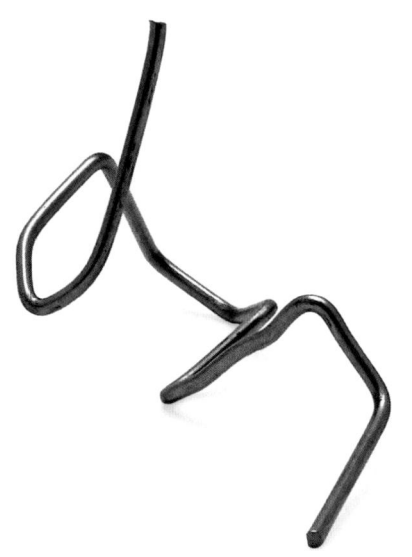

19

Sie sind eine ausgeglichene Persönlichkeit, leben in Frieden mit sich und Ihrer Umwelt. Sie verfügen über einen gesunden Menschenverstand und suchen keine Extreme. Unkompliziert und ohne Verwicklungen gehen Sie die Probleme an und lösen sie in angemessener Zeit. Sie polarisieren nicht, erzeugen keine Spannungen und genießen eine hohe Akzeptanz. Sie brauchen sich und anderen nichts zu beweisen, weil Sie eine natürliche Glaubwürdigkeit ausstrahlen.

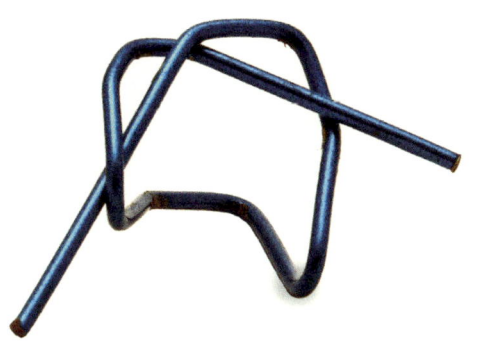

20

Sie sind ganz unten angekommen. Durch Ihre traurig-begehrende Haltung und Gestik erregen Sie Mitleid. Sie bekommen manche Spende, die Ihnen letztlich das Überleben ermöglicht. Sie kommen gut über die Runden und erreichen meist Ihr Ziel, wenn auch mit einigen Verzögerungen. Trotz Ihrer devoten Unterwürfigkeit genießen Sie durch Ihre Zuversicht und Beharrlichkeit Ansehen. Und Sie stellen sogar ein Vorbild dar für andere, die es schwer haben im Leben.

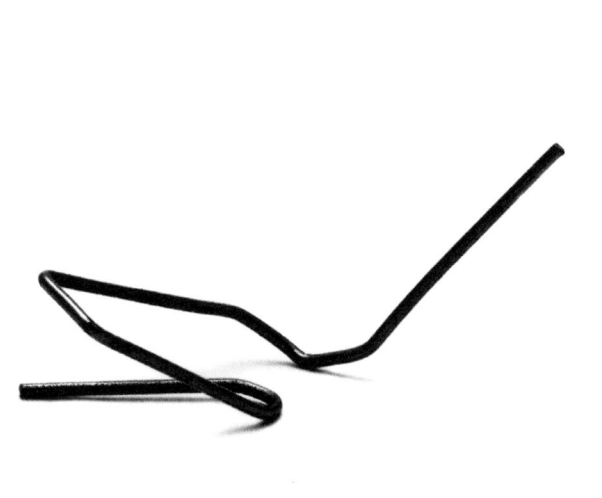

21

Sie haben es nicht eilig und nehmen sich Zeit, um vorwärtszukommen. Sie legen recht häufig Verschnaufpausen ein, verweilen, ohne dass es Ihnen langweilig wird. Genießen den Augenblick und lassen sich nicht aus der Ruhe bringen. Gerne kehren Sie auch immer wieder an bekannte Orte zurück. Sie müssen nicht vorwärtsstürmen, Sie befinden sich eher im »Ruhestand«, auch wenn Sie noch jung sind. Sie haben nie das lähmende Gefühl des sich im Kreise Drehens, und Sie genießen täglich den Sonnenauf- und -untergang.

22

Sie sind verunsichert – doch das wohl eher durch die aktuelle Lebenssituation als von Natur aus. Vielleicht sind Sie sogar von etwas abgestoßen und jetzt auf dem Rückzug, sind dabei, alles liegen zu lassen, um irgendwann einen neuen Anfang zu machen oder nach einer neuen Herausforderung Ausschau zu halten. Zuerst müssen Sie aber das Trauma verarbeiten. Sie sind flexibel genug, um sich auf etwas Neues einzustellen, und Sie sind klug genug, um aus bisherigen Erfahrungen neue Einsichten für die Zukunft zu gewinnen und nutzbringend anzuwenden.

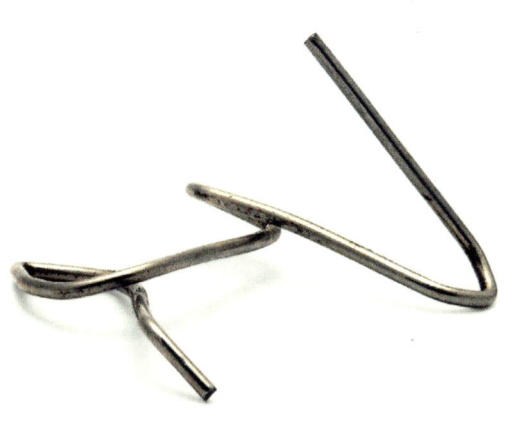

23

Sie sind von Zuversicht geleitet, schauen zielstrebig nach vorne und ohne falsche Gottesfürchtigkeit auch nach oben. Dabei haben Sie nicht Ihr eigenes, sondern das Wohl der Gesamtheit im Auge. Sie heben nicht ab, aber es ist Ihnen wichtig, jederzeit den Überblick und einen Ausblick zu haben. Trotz Ihres weitläufigen und schwungvollen Geistes schlagen Sie ein gemessenes, nicht übereiltes Tempo an. Talentiert und unverkrampft erfüllen Sie Ihre Pflichten und genießen daher das Vertrauen Ihrer Mitmenschen, die Ihnen eine natürliche Autorität attestieren und Ihnen Verantwortung übertragen.

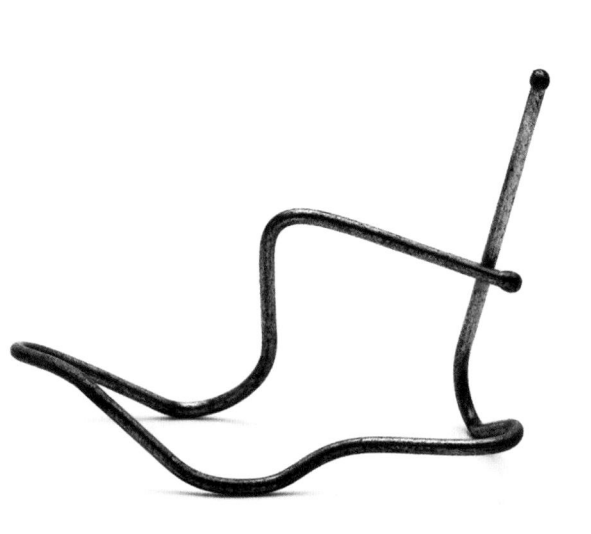

24

Sie sind in sich gekehrt, suchen den Reichtum des Lebens in unaufgeregter Introspektion. Fast stur wenden Sie sich von den Verlockungen der Zukunft ab und blicken ostentativ in die Vergangenheit. Sie horten Ihre Gedanken und Erfahrungen wie Bodenschätze in Ihrer Innenwelt, Teilen und Mitteilen ist nicht so Ihr Ding. Ihre Mottos sind »Aus Mäßigkeit entspringt reine Seligkeit« und »Wehret den Anfängen«.

25

Sie haben ein bescheidenes, argloses und offenherziges Gemüt, kapseln sich nach außen nicht ab, haben nichts zu verbergen. Sie befürchten keinen Diebstahl und schließen Türen und Schränke nicht ab. Sie sind ein spontaner Gastgeber und heißen Ihre Mitmenschen unkompliziert und ohne Umstände willkommen. Von Ihrem Können machen Sie kein Aufheben. Sie zelebrieren mehr das Sein als das Tun.

26

**Sie haben schon große Siege errungen, und
selbstbewusst schauen Sie in die Zukunft.**
Sie brauchen nichts zu fürchten, beeindrucken
Sie doch durch Ihre Respekt einflößende Erscheinung und Ihr imposantes Auftreten. Als erfolgsverwöhnter Optimist verfügen Sie über ein
solides Fundament, um Ihren Willen durchzusetzen. Sie haben den Überblick und sind mit Ihrer
Robustheit gegen Angriffe von allen Seiten gut
gewappnet.

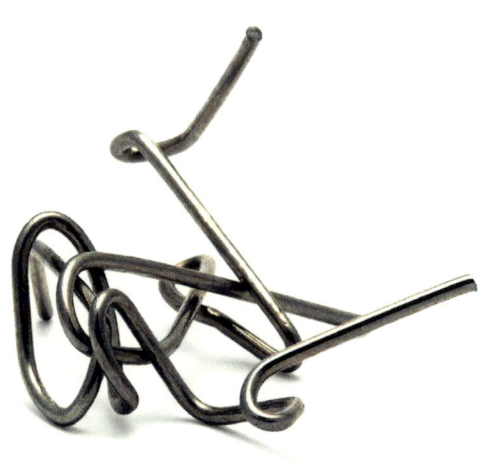

27

Sie richten Ihr Ansinnen auf die Verheißungen der Zukunft. Diese möchten Sie eigentlich ohne Zeitverlust erreichen, zögern aber, direkt und ungebremst darauf zuzusteuern, halten immer wieder inne oder machen einen Rückzieher. Die Überholspur lassen Sie sprichwörtlich links liegen. Trotz hehrer und ehrgeiziger Ziele sind Sie leicht zu verunsichern, tauchen immer wieder unter und laufen Gefahr, Ihre Projekte versanden zu lassen und generell den Anschluss zu verpassen. Sie wühlen in Ihrem unerschöpflichen Fundus von Selbstzweifeln.

28

Sie sind äußerst selbstversunken, verbringen viel Zeit mit Nachdenken und Grübeln. Sie loten Ihr Inneres gründlich aus, bevor Sie sich offenbaren – wenn Sie das überhaupt jemals tun. Sie überwinden innere Zweifel nur langsam, es gelingt Ihnen aber trotzdem, mit ansprechenden Vorschlägen und Anregungen immer wieder Aufmerksamkeit zu erlangen und den Gang der Dinge substanziell voranzutreiben. Sie sind ein besonnener und zuverlässiger Sachbearbeiter, dessen Schaffen sich aber nicht durch besonderen Schwung auszeichnet.

29

Sie verstehen es, das Nützliche mit dem Schönen in harmonischer und genüsslicher Weise zu vereinigen. Hohe Intelligenz und ein guter Sinn für Formen und virtuose Spielerei sind Ihnen eigen. Sie erwarten von Ihrem Partner ebenso viel wie von sich selbst. Machtansprüche liegen Ihnen fern, aber Sie fordern von sich und Ihren Mitmenschen großes handwerkliches Geschick und geistvollen Einfallsreichtum.

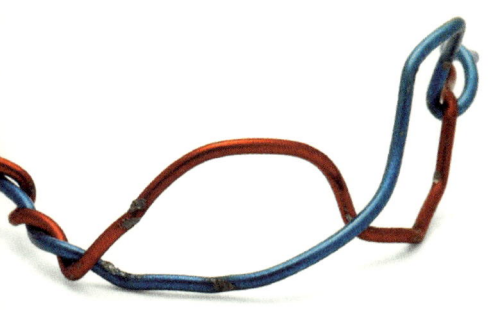

30

Sie verfügen über beachtliche Fähigkeiten, stellen jedoch Ihr Licht unter den Scheffel. Zwar zögern Sie nicht, Ihre Talente für ansprechende Resultate und ansehnliche Werke zu nutzen, Sie drängen allerdings nicht ins Rampenlicht. Sie sind selbstgenügsam und machen aus Ihrer Könnerschaft kein Aufheben, trotzdem gehen Sie unbeirrt Ihren Weg und erzeugen wegen Ihrer Bescheidenheit wenig Neid, Rivalität und Widerstand.

31

Sie blicken anderen offen ins Gesicht. Und Sie machen keinen Hehl daraus, dass Sie sich von zwei Seiten bedienen lassen, dass Sie für beide Seiten Gefühle haben und für weitere emotionale Angebote empfänglich sind. Das Sowohl-als-auch ist Ihnen immer genehmer als die Ausschließlichkeit einer einzigen Beziehung. Sie sind versöhnlich und führen streitende Parteien schlichtend zusammen, halten die Waage und das Gleichgewicht zwischen sich widerstreitenden Kräften. Das kann zwar ganz schön anstrengend sein, doch Sie haben die Energie dazu.

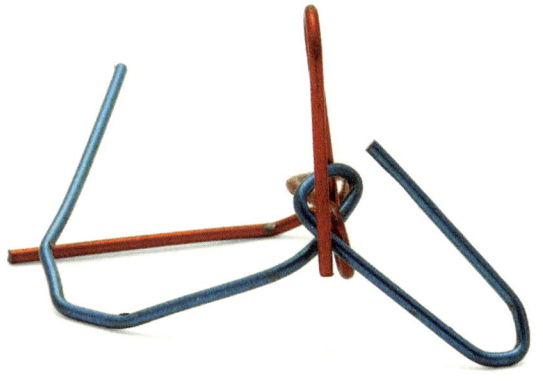

32

Das Allerhöchste ist Ihnen noch lieber als das Höchste. Sie wollen nicht die Niederungen des Planeten bereichern, sondern es zieht Sie schnurstracks in den Weltraum. Sie greifen nach den Sternen, Sie sind erfüllt von unbändigem Ehrgeiz. Trotzdem verfügen Sie aber über genügend Bodenhaftung, sodass Sie vor fatalen Abstürzen gefeit sind.

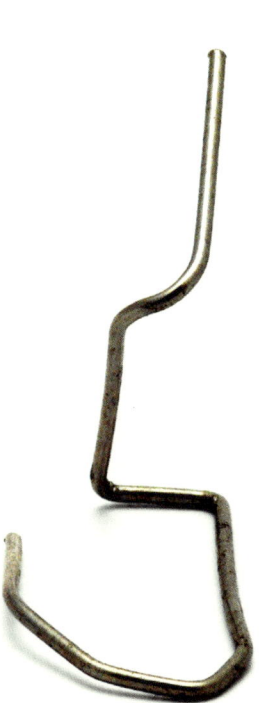

33

Sie ziehen sich gerne zurück und überlassen die Lösung der Probleme Dritten. Erst wenn diese gelöst sind, die Störungen behoben, der Weg wieder frei, raffen Sie sich auf. Sie lassen sich gerne unterstützen und sitzen lieber auf dem Beifahrersitz als am Steuer. Sie ergreifen nicht die Initiative, sondern sind Mitläufer und sichern sich Ihren Platz im Rudel. Sie hätten nichts dagegen, auf einer Sänfte getragen zu werden, und sei es nur auf der Rückbank.

34

Sie sind ein Eindringling und lieben es, in verborgene Höhlen und dunkle Löcher einzusteigen. Sie sind neugierig und prädestiniert zum Forscher. Nur Ihr Edelmut gestattet es Ihnen nicht, der Versuchung nachzugeben, in Villen einzubrechen. Trotz eines gut ausgeprägten Wissensdranges respektieren Sie in der Regel die Privatsphäre Ihrer Mitmenschen. Von Ihren Abenteuern bringen Sie manche Trophäe nach Hause. Kultivierte Großzügigkeit und akribische Handwerkslust leben in Ihnen eine fruchtbare Symbiose.

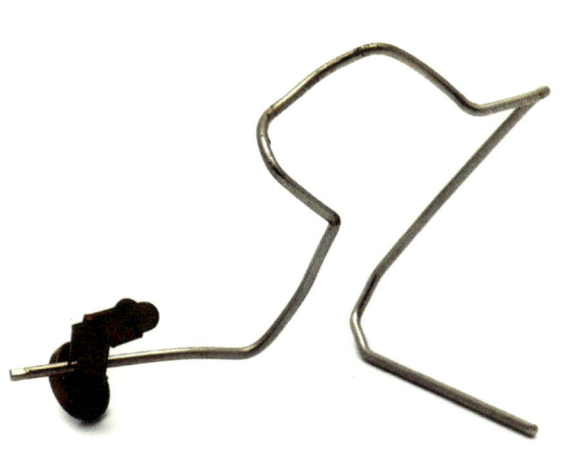

35

Es zieht Sie in die Welt hinaus, besonders die Natur ist für Sie ein unerschöpflicher Fundus an »Bastelmaterial«. Sie verweilen aber auch gerne von Zeit zu Zeit an einem Ort. Sie verstehen es, sich mit wenig Material ein funktionstüchtiges Zuhause einzurichten. Ihrem praktischen Sinn verdanken Sie, auf bescheidenem Lebensstandard auch schwierige Zeiten überleben zu können. Gegen widrige Umstände vermögen Sie sich erfolgreich zu wappnen: Sie sind ein Lebens- und Überlebenskünstler mit originellen Einfällen. Sie genießen das Wohlwollen Ihrer Umgebung.

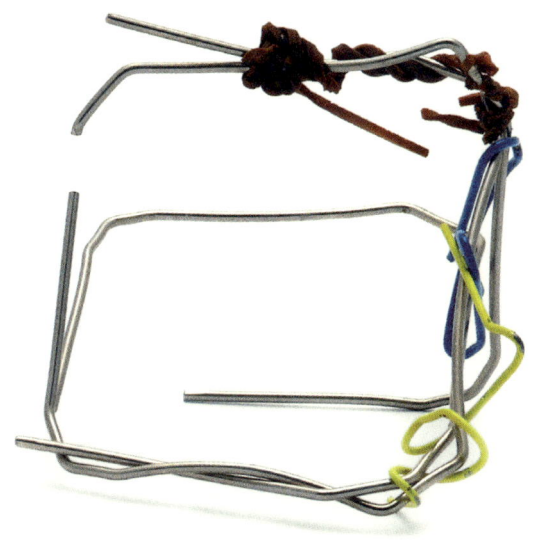

36

Auch wenn Sie eine Schlafmütze sind, muss man ein Auge auf Sie haben. Ihre kämpferische Seite kommt gelegentlich zum Vorschein, es ist daher ratsam, Sie in Ruhe zu lassen und nicht zu provozieren. Sonst sitzt Ihr Stachel ohne Vorwarnung im Fleisch Ihres Gegenübers. Sie sind ein ganz spezieller Wachhund, der sich nicht knurrend oder bellend ankündigt, sondern unvermittelt und blitzschnell angreift, allerdings nicht auf Augenhöhe.

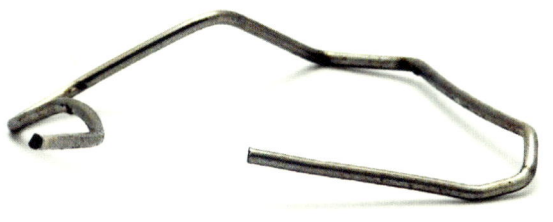

37

Sie leben für sich, genügen sich selbst und beanspruchen Ihre Umgebung wenig. Sie finden Befriedigung oder gar Genuss, indem Sie sich an sich selbst reiben. Körperkontakt haben Sie lieber im eigenen Terrain. Daher machen Sie den Raum anderen nicht streitig und schaffen sich keine Feinde. Sie verbringen Ihre Zeit oft allein oder mit ausgewählten Personen. Vielleicht sind Sie unsicher und scheu oder aber so anspruchsvoll, dass Sie nur wenige Menschen an sich heranlassen.

38

Sie sind ein Sonnyboy, Everybody's Darling, und Sie erfreuen sich eines guten Rufes. Ihre Eitelkeit und Ihr Stolz werden Ihnen nicht zum Vorwurf gemacht. Sie sind, auf den ersten Blick, der flotte Junge von nebenan, der perfekte Schwiegersohn. Auch wenn Sie von manchen Zeitgenossen als eitel und blasiert kritisiert werden, Sie bleiben immer mehrheitsfähig. Ihre innere Festigkeit garantiert Ihnen, sich zu behaupten. Sie bringen das Herzblut eines ganzen Volkes, einer ganzen Generation in Wallung. Und wenn Sie eine Frau sind, so trifft dies alles ebenfalls auf Sie zu.

39

Sie ermüden schnell, fühlen sich zermürbt und werden von endlosen Beschwerden gequält. Sie legen sich daher gerne zur Ruhe und melden sich von gesellschaftlichen Anlässen ab. Trotzdem interessiert es Sie, was in Ihrer Abwesenheit geschieht, und Sie möchten am Geschehen teilnehmen. Sie suchen nicht die Einsamkeit und Abgeschiedenheit, und mit Verspätung erscheinen Sie vielleicht doch noch zum Anlass. Denn Ihre innere Kraft ist grundsätzlich nicht versiegt und würde ausreichen, Berge zu versetzen, wenn Sie sich von den realen oder eingebildeten schmerzhaften Verwicklungen lösen könnten.

40

Sie treten gerne zu zweit auf, weil Sie sich dann stärker fühlen – Rückendeckung ist immer gut. Auch weil Sie nicht die ganze Verantwortung allein schultern wollen. Gleichzeitig stiften Sie damit Verwirrung über die Urheberschaft Ihrer Machenschaften. Ihr Opfer lenken Sie gerne listig und trickreich ab, um es unbemerkt enteignen zu können. Ein sicheres Bankkonto in der Schweiz oder auf den Kanalinseln könnte Ihnen dabei helfen, die Beute in Sicherheit zu bringen. Wenn Ihnen ein Raubzug gelungen ist, machen Sie sich aus dem Staub und gleichzeitig auf die Suche nach dem nächsten Opfer.

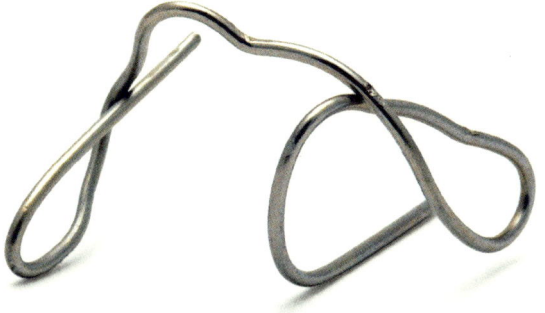

41

Sie wollen sich nicht über andere erheben, sondern genießen vielmehr den Aufenthalt in der tiefen und flachen Ebene des stillen Daseins. Ihre Augen weiden sich lieber an einem weiten See als an den hohen schneebedeckten Gipfeln der Bergwelt. Sie haben allerdings eine unangenehme Seite, denn in den Niederungen schnüffeln Sie in privaten Angelegenheiten und in geöffneten Schubladen herum, sei es aus purer Lust oder zu Ihrem eigenen Vorteil. Sie sind oder wären ein geschätzter Informant für klatschsüchtige Kollegen oder informationsgierige Geheimdienste.

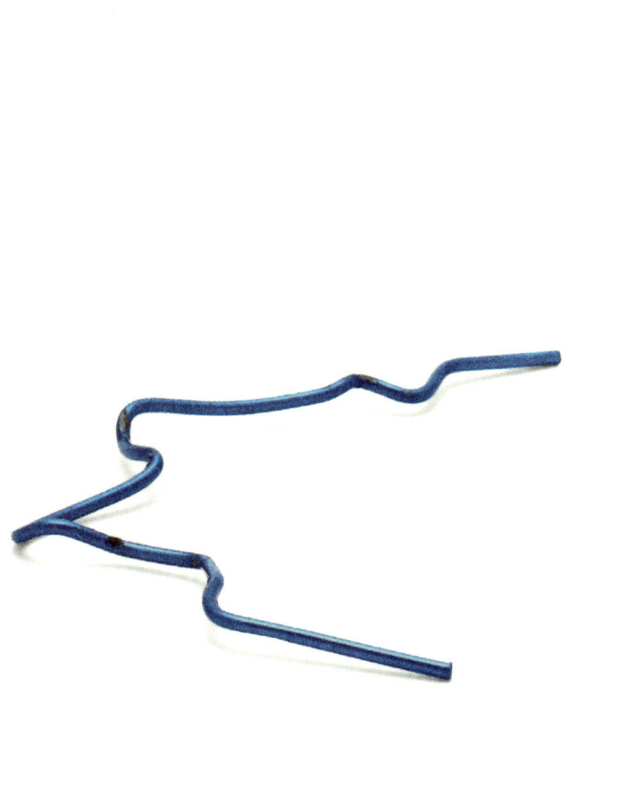

42

Ihre Konzepte sind von bemerkenswerter Klarheit geprägt, Ihre Handlungen von eleganter Großzügigkeit. Sie lieben und bevorzugen die schwungvollen Linien, die Grandiosität der Darstellung und die generöse Geste. Sie verlieren sich nicht in Details und verheddern sich nicht in Nebensächlichkeiten. Den praktischen Sinn für das Wesentliche und die Liebe zur Schönheit kriegen Sie bestens unter einen Hut. Mit minimalem Aufwand gestalten Sie Ihren Lebensraum, der Ihre Handschrift und bald auch Ihren Namen trägt. Sie ruhen in sich selbst, finden in sich das Gleichgewicht und brauchen keine äußeren Stützen.

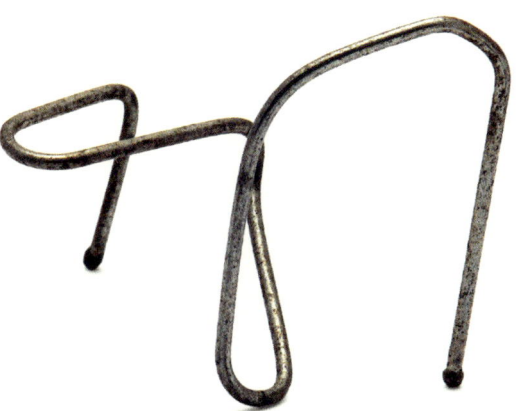

43

Sie sind agil und wendig, aber immer auf der Hut vor einer Bedrohung und oft angstgetrieben auf der Flucht vor einer Gefahr. Geschmeidig und blitzschnell entkommen Sie Ihren Verfolgern – ein ausgeprägtes Misstrauen erlaubt Ihnen, diese rechtzeitig zu erkennen, es sei denn, Ihre Sinne sind vor lauter Angst schon ganz benebelt. Trotz Ihrer Neugier und energischen Natur wagen Sie es nicht, die vertraute Umgebung zu verlassen. Sie bleiben zu Hause und lassen sich auf keine Abenteuer ein. Dem Neuen und Fremden begegnen Sie mit höchster Vorsicht.

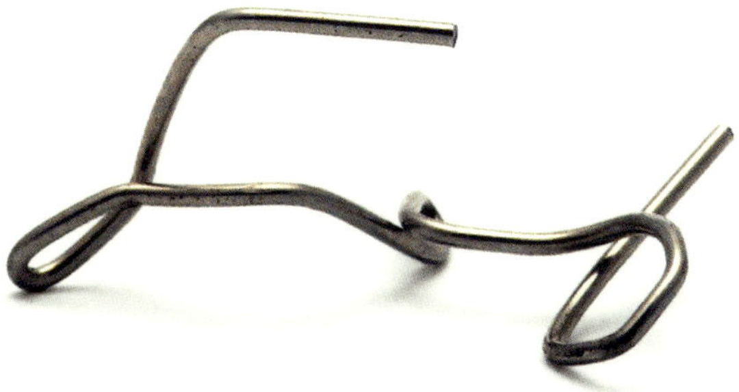

44

Sie sind eine durchaus respektable Persönlichkeit. Sie werden allseits beachtet und geachtet, werden wahrgenommen, erwecken den Eindruck von Gemütlichkeit und Gelassenheit. Ihre Angst vor der eigenen Courage jedoch lässt Sie abwarten, bis sich die Lage geklärt und positiv entwickelt hat. Erst dann schließen Sie sich dem Umzug an, der ins gelobte Land führt. Sie empfinden sich als ungeeignet für den Frontdienst, Sie fühlen sich lieber für den Nachschub verantwortlich und halten die Stellung im Basislager. Sie sind sozusagen ein erfolgreicher Minimalist, der ohne großen Aufwand und Knochenarbeit doch am Erfolg teilhat.

45

Sie haben keine Furcht vor der Unordnung, auch wenn diese ins völlige Chaos abzugleiten droht. Sie sind ein Fels in der Brandung, ein Leistungstyp, der große Anstrengungen auf sich nimmt und mit außergewöhnlichem Durchhaltevermögen den Stürmen tatkräftig standhält. Dabei verhalten Sie sich wenig zimperlich und greifen auch zu unkonventionellen defensiven Mitteln: Sie sind bereit, schwere Geschütze aufzufahren, und haben schon manche Mutprobe bestanden.

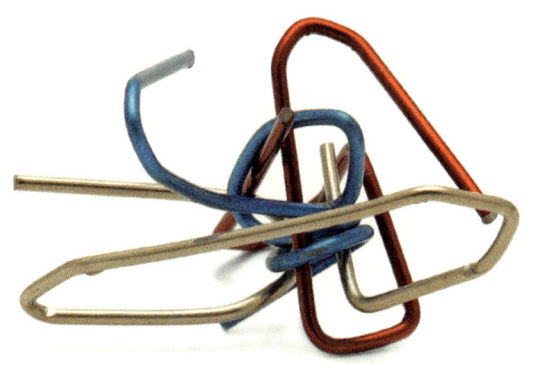

46

Sie stellen sich unerschrocken und ohne mit der Wimper zu zucken der Herausforderung. Sie nehmen allgemein eine eher defensive Haltung ein, lassen sich aber nicht kleinkriegen und bieten Ihren Gegnern Paroli ohne Ende. Sie haben eindeutig den längeren Atem. Oft genügt eine bloße Pose der selbstsicheren Abwehr, um den Gegner in Schach zu halten. Ihre Festung bewachen Sie beharrlich, vertreten Ihren Standpunkt unbeirrt. Sie richten Ihren Blick nach vorne und unternehmen keine Rückzugsgefechte. Sie haben viele Kraftreserven und einen großen Vorrat an geistiger Munition, weshalb Sie siegesgewiss auftreten. Doch ohne viele Worte zu verlieren, vertrauen Sie vorerst auf die Wirkung Ihres beeindruckenden Auftretens.

47

Sie verbinden einen ausgeprägten Sinn für harmonische Schönheit mit hingebungsvoller Sinnlichkeit, sei es in Ihrer Wahrnehmung und in Ihrem Urteil oder in Ihrem eigenen kreativen Schaffen. Das gelingt Ihnen mit Leichtigkeit, in formvollendeter Weise, ohne dass auch nur ein Hauch von forcierter Anstrengung sichtbar wird. Ihre Arbeiten entstehen aus einem Guss, Sie schütteln sie sozusagen aus dem Handgelenk, und weil sie von einer tiefen Wahrheit zu zeugen scheinen, ist niemand neidisch auf Sie. Sie üben nur Faszination aus. Sie sind gleichzeitig Mensch und Gott, nah und fern, und unangreifbar. Ihre Verführungskraft ist groß, aber Sie missbrauchen sie nicht.

48

Sie streben zwar nach Erfolg, durchaus von einer gewissen Gier getrieben, aber Sie nehmen sich Zeit dafür, stürmen nicht mit Hast ins Ziel. Sie peilen dieses gemächlich an, nähern sich ihm allmählich. Sie sind kein Blender und wollen kein Aufsehen erregen weder durch noch um Ihre Person. Bescheiden sind Ihre Ansprüche, Hauptsache Ihre Ruhe wird nicht gestört. Sie sind kein Ehrgeizling, sowohl was die Leistung als auch was den Sozialstatus anbelangt. Sie sind zahm und nicht angriffslustig. Sie lassen anderen den Vortritt und rivalisieren nicht, kommen aber ebenfalls irgendwann an. Für Sie gilt der Satz: »Der Weg ist das Ziel.« Es könnte sein, dass Sie als teilnahmslos, lustlos, als lahme Ente gelten. Das nehmen Sie gelassen hin.

49

Sie krempeln die Ärmel nicht hoch und versetzen keine Berge. Sie machen sich das Leben einfach und bequem, was auch eine Kunst ist. Und Sie gewähren keinen Einblick in Ihr Inneres. Ob Sie sich gegen Einflüsse von außen verschließen oder Ihren inneren Schatz hüten wollen, ist unklar. Sie meiden jedenfalls die Betriebsamkeit und Geschäftigkeit und bevorzugen ein geruhsames Leben ohne Stress und unnötige Aufregung nach dem Motto »Weniger ist mehr«. Sie verfügen über einen großen inneren Raum.

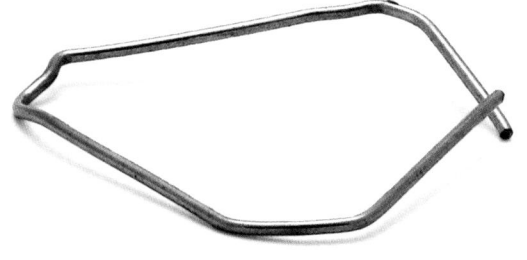

50

Sie suchen nicht die Gemeinschaft, sondern sind zufrieden mit Ihrem sicheren Standort. Sie sind distanziert, einzelgängerisch und stolz, Sie sind unverrückbar und vielleicht sogar stur, Sie beharren auf dem Prinzip und bevorzugen das Altbewährte. Sie trotzen modernen populistischen Strömungen. Durch Ihre Standhaftigkeit und geistige Erhabenheit gewinnen Sie einen Achtung gebietenden Respekt. Die Leute kommen zu Ihnen, nicht umgekehrt. Sogar wenn Sie abgeführt werden sollten, würden Sie nicht in Aufregung geraten. Sie sind majestätisch und vierschrötig zugleich, Sie sind nicht von des Geistes Blässe angekränkelt. Prätentiöse Höhenflüge und akademische Schaumschlägerei liegen Ihnen fern.

51

Sie stürzen sich allgemein nicht ins Getümmel, sondern halten sich sogar etwas demonstrativ zurück. Sie machen keinen Hehl daraus, dass Sie kein Risiko eingehen wollen und den Lauf der Dinge zunächst abwarten. Sie gelten als vorsichtig und ängstlich, als eher konservativ. Im Allgemeinen begnügen Sie sich mit Besitzstandswahrung. Sie rennen nicht jeder Mode nach. Aber Sie verfolgen die Entwicklung der Lage mit wacher Aufmerksamkeit, lassen Ihr eigenes Interesse nicht außer Acht und holen, wenn die Zeit dafür gekommen ist, die Vorausgeeilten ein und das Verpasste nach – natürlich mit der gebührenden, manchmal vielleicht auch übertriebenen Vor- und Umsicht.

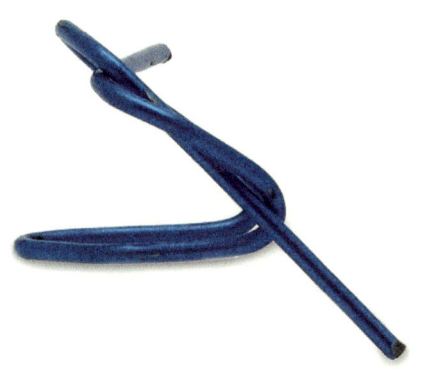

52

Es gelüstet Sie nicht, eigene kreative Leistungen zu erbringen. Sie streben schlicht und einfach nach Besitz. Sie eignen sich gerne die Errungenschaften anderer an und stapeln sie in Ihrem eigenen Lager. Es könnte sein, dass Sie Ihre Sammlung anderen zugänglich machen, aber Sie wollen sie jederzeit unter Kontrolle haben. Sie sind mehr von einem Quantitäts- als von einem Qualitätsehrgeiz getrieben, und Sie fühlen sich verantwortlich dafür, dass Gegenwart nicht spurlos in der Vergangenheit verschwindet. Möglicherweise brauchen Sie einen Gehilfen, um Ordnung in Ihre wachsende Sammlung zu bringen. Sie laufen Gefahr, einem Messie-Syndrom zu verfallen.

53

Sie schieben eine ruhige Kugel, neigen zu lautlosem Rückzug, wenden sich sogar manchmal deutlich und demonstrativ ab, um sich ganz dem Müßiggang zu widmen. Sie leben vorwiegend im Hier und Jetzt. Oft kommen Sie zu spät und verpassen eine Chance. Es gehört aber zu Ihrem phlegmatischen Wesen, dass Sie sich nicht darüber beklagen, Nullwachstum reicht vollauf. Das Faulenzen ist Ihnen Lohn genug.

54

Sie übernehmen gerne die Führung, Sie erteilen Befehle und geben den Takt an. Dies tun Sie lieber, als substanziell zum Gelingen eines Projekts beizutragen. Die Schwerarbeit überlassen Sie mit Überzeugung den Untergebenen. Sie mischen sich in die Angelegenheiten ein, informieren sich und übernehmen dann bald die Aufsicht und die Kontrolle über den Arbeitsablauf. Ob Dirigent, Bauleiter, Abteilungsleiter oder Verkehrspolizist: Sie erfüllen Ihre Aufgabe in erhöhter Position locker und ungezwungen, nicht despotisch, sondern mit natürlicher Autorität. Daher genießen Sie auch eine gute Akzeptanz, und wo eine Führungsperson gebraucht wird, werden Sie immer wieder engagiert.

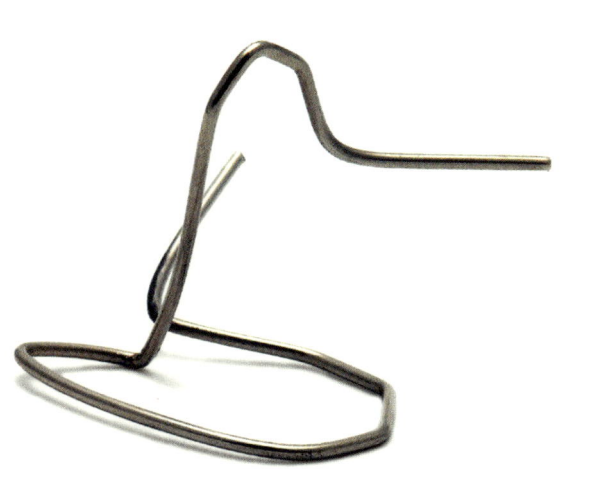

55

Sie sind erfüllt von einem gesunden wackeren Ehrgeiz. Leute wie Sie werden gebraucht. Mit Fleiß, Rechtschaffenheit und Beharrlichkeit erreichen Sie auf solide Weise Ihr Ziel. Den Gipfel erklimmen Sie Stufe um Stufe, von Etage zu Etage emporsteigend, in gemessenem Tempo. Bevor Sie die nächste Runde in Angriff nehmen, versichern Sie sich, dass das bisher Erreichte niet- und nagelfest sitzt. Sie sind fair und korrekt gegenüber Mitmenschen, Sie sind kein Usurpator, schmücken sich also nicht mit fremden Federn. Sie arbeiten hart an sich selbst.

56

Sie streben nicht nach Höherem, nach Reichtum und Ruhm, sondern ganz nach sinnlicher Liebe, nach Befriedigung der Sinneslust. Dafür beanspruchen Sie nur wenig Raum. Eine Liegestatt, und seien es nur zwei Quadratmeter, genügt Ihnen vollauf. Mit der innig verschlungenen Zweisamkeit schotten Sie sich von der Umgebung ab. Sie lassen sich leicht von romantischen Gefühlen in Erregung versetzen. Ihre Tendenz zu Introversion und Igelhaltung könnte auch einen gewissen Realitätsverlust mit sich bringen. Vor lauter Genuss im Hier und Jetzt kommen Sie möglicherweise zu spät zu wichtigen Terminen und verpassen den Anschluss an zukunftsträchtige Entwicklungen.

57

Sie hüpfen beschwingt durchs Leben, munter und fröhlich, manchmal sogar etwas zu sorglos. Sie sind unternehmungslustig, gesellig und leutselig und lieben die oberflächliche Unterhaltung. Sie schließen sich leicht und spontan Gruppen an, und Sie springen gerne auf fahrende Züge auf. Ihre Kontaktfreude bringt Sie mit vielen Menschen zusammen. Sie sind unverkrampft, großzügig, legen nicht jedes Wort auf die Waagschale und sind nicht pedantisch. Nicht ausgeschlossen ist, dass Ihnen eine gewisse Launenhaftigkeit eigen ist und man Sie als Fahne im Wind tituliert. Es könnte sein, dass Sie Stimmungsschwankungen größeren Ausmaßes unterworfen sind.

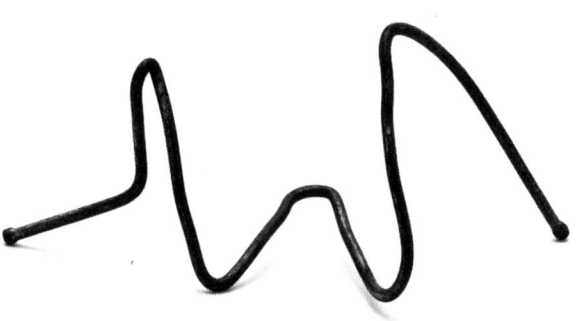

58

Sie sind eine kraftvolle Kämpfernatur und verstehen es, auch heftige Angriffe mit harten Schlägen oder vernichtenden Pfeilen zu parieren. Sie brauchen keine fremde Hilfe anzufordern, Sie machen, wenn es die Situation erfordert, selbst Tabula rasa und erledigen den Gegner aus eigener Kraft, wendig und geschwind, mit ein paar gezielten Stößen. Sie beherrschen sowohl die Talsohle wie auch den Luftraum, Nachschub an Munition holen Sie aus sich selbst heraus. Wer sich einmal mit Ihnen angelegt hat, will nie wieder etwas mit Ihnen zu tun haben. Sie jedoch als wirklichen Freund zu haben, ist gut.

59

Sie bleiben gerne am Ursprung der Dinge und verändern sie nicht ohne Not. Die anderen Menschen und deren Werke achten Sie und unterwerfen sie nicht Ihrem eigenen Gestaltungswillen. Sie verwenden Dinge nicht zweckentfremdet, sondern dulden und wertschätzen sie in ihrer ursprünglichen Form und Funktion. Äußerlichkeiten sind Ihnen nicht so wichtig, Dekoratives halten Sie für überflüssig. Sie bevorzugen einfache Gebilde gegenüber komplizierten und wirren, schnörkelhafte Verzierungen sind Ihnen suspekt.

60

Sie wollen hoch hinaus, ganz an die Spitze und zwar möglichst schnell, je rascher desto besser. Sie stellen sich nicht gerne hinten an, und Sie wollen das Ziel und den Höhepunkt mit der geringstmöglichen Anstrengung erreichen. Sie haben keine Muße für Beschaulichkeit, begehren den Preis auch ohne Fleiß. Dem Motto »Gut Ding will Weile haben« stehen Sie verständnislos gegenüber. Sie befinden sich am liebsten ganz oben, sind einfach gerne der Höchste, ohne dass Sie unbedingt Macht ausüben wollen. Von oben können Sie den Blick in die Weite schweifen lassen. Es ist Ihnen kein Bedürfnis, andere Menschen zu unterdrücken oder zu befehligen, es geht Ihnen nur darum, niemanden über sich zu haben, der das mit Ihnen tut.

Persönlichkeitstest

»Wenn es Psychologie gibt, dann ist auch dieser Test zutreffend.«

Anleitung

Phase 1:
Das individuelle Psychogramm

1. Nehmen Sie den beigelegten **Testbogen** zur Hand. Sollten Sie weitere Testbogen benötigen, können Sie sich diese online kostenlos ausdrucken: www.bueroklammern-verbiegen.de.

2. Die sechzig Klammern des Buchs sehen Sie auf dem Testbogen spaltenweise in **Vierergruppen** abgebildet (Klammern 1–4, 5–8, 9–12 und so weiter). Wählen Sie aus jeder Vierergruppe jene Figur aus, die Ihnen am besten gefällt, Ihnen am sympathischsten ist, Sie am meisten anspricht. Kreuzen Sie das dazugehörige Feld an. Wenn Sie mit allen Vierergruppen durch sind, tragen Sie die **Bildnummer** (nicht die Buchstabenfolge) jeder der insgesamt fünfzehn ausgewählten Figuren von oben nach unten in die **rot markierte Spalte**

der Tabelle (Seite 2 des Testbogens) ein. Den Rest der Tabelle können Sie für die Phase 1 des Tests ignorieren.

3. Aus Ihren fünfzehn Favoriten sollen nun drei werden. Wählen Sie dazu auf **Seite 1 des Testbogens** unter den ersten fünf Favoriten (Gruppe A), unter den zweiten fünf (Gruppe B) und unter den dritten fünf (Gruppe C) je diejenige Figur aus, die Ihnen am sympathischsten ist, und kreisen Sie die jeweiligen Klammern ein.

4. Wählen Sie von diesen drei Figuren die sympathischste, zweitsympathischste und drittsympathischste aus, und schreiben Sie die Bildnummern **der Rangliste entsprechend** von oben nach unten in die **orange markierten Felder.**

5. Nehmen Sie nun wieder das Buch zur Hand, und lesen Sie auf den Seiten 15–137 die Beschreibungen Ihrer drei Favoriten in der Reihen-

folge Ihrer Rangordnung durch. Diese Beschreibungen sind der erste Teil Ihres Profils: Ihr **indi-
viduelles Psychogramm.**

Phase 2a:
Ergänzungstest

1. Legen Sie nun das Buch wieder beiseite, und
wenden Sie sich aufs Neue dem Testbogen zu.
Auf **Seite 2 des Bogens** finden Sie den Ergänzungstest. Sie sehen vierzehn Figuren mit je einer Gegenfigur. Wählen Sie spontan aus, welche
der beiden Ihnen sympathischer ist, Ihnen besser gefällt, Sie mehr anspricht, und **kreuzen Sie
das jeweilige Kästchen (V oder W) an.**

2. Zählen Sie, wie oft Sie V und W angekreuzt
haben, und tragen Sie die Ergebnisse in die Kästchen unter dem Ergänzungstest ein. Die Auswertung erfolgt am Ende der Phase 2b.

Phase 2b:
Das typologische Psychogramm

1. Auf **Seite 1 des Testbogens** befindet sich unter jeder Klammer eine **Buchstabenfolge.** Ordnen Sie allen fünfzehn in Phase 1 ausgewählten Figuren der **rot markierten Spalte** die jeweilige Buchstabenfolge zu, indem Sie hinter jeder Nummer die einzelnen Buchstaben aus der Buchstabenfolge **ankreuzen.** Beispiel: War Ihr erster Favorit Klammer Nr. 2, so kreuzen Sie in der ersten Spalte die Buchstaben B, G, K und M an. Damit Sie das Blatt nicht jedes Mal wenden müssen, können Sie die Buchstabenfolgen der fünfzehn Favoriten zuerst auf einem Notizblatt notieren und anschließend in die Tabelle übertragen.

2. Tragen Sie die jeweilige Buchstabenfolge der von Ihnen ausgewählten Favoriten (orange markierte Felder) in die **blauen Felder** daneben ein.

3. Zählen Sie **in jeder Kolonne** der Tabelle von oben nach unten, wie oft jeder einzelne Buchstabe angekreuzt wurde, und tragen Sie die jeweilige Summe in **die braune Spalte** darunter ein.

4. Zwei benachbarte Kolonnen (zum Beispiel AB, CD, EF etc.) sind zusammengehörige **Parallelkolonnen**. Tragen Sie unten in jedem **gelb markierten Feld** die Differenz zwischen den Werten der beiden Parallelkolonnen ein. Subtrahieren Sie immer die kleinere Zahl von der größeren. Beispiel: Wenn das Resultat der E-Spalte 8 ist und das der F-Spalte 12, so notieren Sie eine 4 (12 minus 8).

5. Das **violett** und das **rosa markierte Feld** unter der Tabelle konstituieren Ihr typologisches Psychogramm. Um diese beiden Felder zu füllen, gehen Sie wie folgt vor:

a. Betrachten Sie in den gelben Feldern die jeweilige Differenz der Kolonnenpaare AB, CD, EF, GH und IK. Beträgt sie **5 oder mehr,** tragen Sie ins **violette Feld** den Buchstaben der Kolonne mit der größeren Zahl ein. Beträgt also zum Beispiel die Summe bei A 7 und bei B 2, dann notieren Sie »A«.

b. Beträgt die Differenz der Kolonnenpaare LM, NO, PQ **4 oder mehr,** tragen Sie ebenfalls den Buchstaben der Kolonne mit der größeren Zahl ins **violette Feld** ein. Beträgt also zum Beispiel die Summe bei L 8 und bei M 3, dann notieren Sie »L«.

c. Beträgt die Differenz des Kolonnenpaars RS **3 oder mehr,** tragen Sie den Buchstaben der Kolonne mit der größeren Zahl ins **violette Feld** ein.

d. Befinden sich jetzt im violetten Feld **zwei oder mehr Buchstaben**, dann fügen Sie im violetten Feld noch ein »T« hinzu. Befindet sich dort **kein Buchstabe,** dann schreiben Sie ein »U« hinein. Befindet sich dort **ein einziger Buchstabe,** schreiben Sie nichts dazu.

e. Betrachten Sie die drei Felder des **blau markierten Bereichs.** Befindet sich dort **ein und derselbe Buchstabe drei Mal,** so übernehmen Sie diesen ins **rosa Feld** (nicht ins violette). Wenn sich im blau markierten Bereich also zum Beispiel in jeder Zeile ein A befindet, dann tragen Sie ins rosa Feld »A« ein. Kommt bei Ihnen **kein Buchstabe drei Mal** vor, lassen Sie das rosa Feld leer, überspringen Sie 5f und 5g, und machen Sie direkt mit 5h weiter.

f. Betrachten Sie jetzt nochmals das **violette Feld.** Befindet sich hier einer oder mehrere der folgenden Buchstaben: A, D, F, H, L, O, I, P, R, V?

Wenn dies zutrifft, schauen Sie, ob im **rosa Feld** ein Buchstabe der zugehörigen Parallelkolonne steht. Wenn also zum Beispiel im rosa Feld ein A steht, ob im violetten Feld ein B vorkommt. Falls ja, so schreiben Sie ins violette Feld ein »X1« hinein.

g. Betrachten Sie jetzt umgekehrt das **rosa Feld.** Befindet sich hier einer oder mehrere der folgenden Buchstaben: A, D, F, H, L, O, I, P, R, V? Wenn dies zutrifft, schauen Sie, ob im **violetten Feld** ein Buchstabe der zugehörigen Parallelkolonne steht. Falls ja, so schreiben Sie ins violette Feld ein »X2« hinein.

h. Kommen wir nun zu der Auswertung des **Ergänzungstests.** Haben Sie mindestens elf Mal V angekreuzt, tragen Sie im violetten Feld ein »V« ein. Haben Sie mindestens elf Mal W angekreuzt, tragen Sie ein »W« ein. Haben Sie sechs, sieben oder acht Mal V oder W angekreuzt, tragen Sie

»V / W« ein. In allen anderen Fällen schreiben Sie nichts dazu.

i. Übertragen Sie alle Buchstaben aus dem violett und dem rosa markierten Feld in das freie Feld daneben. Jetzt haben Sie es geschafft, dies ist Ihr Ergebnis! Lesen Sie ab Seite 153 Ihr **persönliches typologisches Psychogramm** bei den Buchstaben Ihres Ergebnisses. Es ist natürlich möglich, dass ein Buchstabe mehrmals vorkommt.

Typologie

ambitiöser Typus

Sie sind von starkem Ehrgeiz erfüllt. Sie wollen ganz oben sein und von anderen bewundert werden, eventuell wollen Sie sie auch beherrschen.

B

modester Typus

Sie sind bescheiden und streben nicht nach Macht und Ansehen – entweder weil Sie sich das nicht zutrauen oder weil Sie es nicht nötig haben.

C

konservativer-skeptischer Typus

Sie sind ängstlich, Neuerungen und Veränderungen gegenüber skeptisch, gehen keine großen Wagnisse ein und lassen sich nicht auf riskante Abenteuer ein. Sie sind verschlossen, begegnen anderen Menschen mit Misstrauen, halten sie auf Distanz oder wenden sich sogar von ihnen ab.

D

progressiver-konfidenzieller
Typus

Sie nehmen Herausforderungen beherzt und tatkräftig an und blicken optimistisch in die Zukunft. Sie sind anderen Menschen gegenüber zugewandt, fassen leicht Vertrauen zu ihnen und empfangen sie großzügig mit offenen Armen.

E

primitiver Typus

Sie neigen zu ungehobeltem, grobem und derbem Verhalten und finden im Umgang nicht immer den angemessenen Ton.

kultivierter Typus

Sie sind eine sehr sensible, differenzierte, ge-
pflegte und distinguierte Persönlichkeit, die hohe
ästhetische Ansprüche stellt und sie selbst auch
erfüllt.

G

traditionalistischer Typus

Sie lassen Bestehendes wenn möglich lieber unverändert.

H

metamorphischer Typus

Sie sind ohne Weiteres bereit, Bestehendes bis zur Unkenntlichkeit umzuwandeln und etwas Neues daraus zu machen oder entstehen zu lassen.

I

robuster Typus

Sie lassen sich nicht ängstigen durch komplizier-te, komplexe und verwickelte Konstellationen und nehmen diese eventuell sogar mit Lust als Herausforderung an.

K

kulanter Typus

Sie sind chaotischen, verworrenen und ver-
korksten Situationen abgeneigt und wünschen
schlichte, klare und offene Verhältnisse.

L

**vitaler-souveräner
Typus**

Sie sind eine kraftvolle, stabile und widerstandsfähige Persönlichkeit mit konstruktiven Fähigkeiten und hoher Ausdauer. Sie legen Wert auf Erhabenheit und Würde, besitzen eine ausgeprägte innere Ruhe und behalten gerne den Überblick. Sie lassen sich nicht auf das Niveau kleinlicher Rivalitäten und Machtkämpfe herab, sondern genießen zuweilen auch die aristokratische Höhenlage.

M

asthenischer-souterräner Typus

Sie sind eher fragil und kraftlos, schüchtern und ermüdbar. Sie sind schwach und unbeholfen, schutzlos und ungeschickt, willensschwach und auf Unterstützung angewiesen. Sie brauchen ein wetterfestes Dach überm Kopf.

phlegmatischer
Typus

Sie sind gemütlich und genießerisch, lassen sich nicht leicht aus der Ruhe bringen und geraten kaum je in Aufregung. Sie nehmen sich Zeit und ruhen sich gerne aus.

aktiver Typus

Sie sprühen vor Energie, sind dynamisch und tatkräftig und bringen die Dinge schnell voran.

P

hostiler Typus

Sie sind feindselig, missgünstig und kämpferisch, geraten schnell in rivalisierende Konkurrenz und sogar in handfesten Streit. Jeder ist für Sie ein potenzieller Feind.

amikaler Typus

Sie mögen generell andere Menschen und gönnen ihnen den Erfolg ohne Neid und Missgunst. Sie achten deren Leistungen und sind bereit, sie zu unterstützen.

R

eleganter Typus

Sie vermögen Ihre Gefühle, Triebe und Aggressionen spontan, leicht und natürlich, eventuell sogar virtuos-spielerisch in elegante Formen zu gießen oder einzubinden, sei es auf künstlerisch-kreative oder auf sozial-kommunikative Weise.

S

archaischer Typus

Sie haben nicht immer die Kraft und Konzentration, um ihre Gefühle, Triebe und Aggressionen in erwünschter oder erwarteter Weise zu steuern. Ihre Wahrnehmung und Ihr Gestaltungsvermögen sind daher einfach und undifferenziert, vielleicht auch wegen Ihres momentanen Zustandes oder Ihrer aktuellen Lebenslage.

T

homogener Typus

Sie sind konsistent und konsequent in Ihrem Geschmack und wissen, was Sie wollen. Eventuell sind Sie etwas eingeengt und einseitig, aber recht sicher in Ihrer Meinungsbildung.

U

heterogener Typus

Sie sind vielseitig in Ihrem Geschmack, offen für Verschiedenes und flexibel in Ihrer Meinungsbildung.

V

affektiver Typus

Sie tragen Ihr Herz auf der Zunge und bringen Ihre Gefühle offen und eventuell überschwänglich, ja in überbordender Weise zum Ausdruck. Farben spielen in Ihrem Leben eine besondere Rolle, nüchterne und öde Umgebungen möchten Sie am liebsten gleich erblühen sehen. Möglicherweise ist dies ein Schutzmechanismus, um düstere Stimmungen und Gefühle der Langeweile abzuwehren.

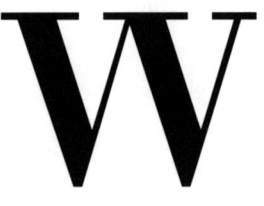

rationaler Typus

Sie gehen die Dinge in der Regel verstandesmäßig und nüchtern an und sind eher gefühlsverhalten. Sie setzen auf logische und berechenbare Zusammenhänge und scheuen die Unwägbarkeit der Emotionen.

**affektiv-rationaler
Typus**

Sie halten zwischen Verstandes- und Gefühls-sphäre im Allgemeinen das Gleichgewicht. Sie äußern Ihre Gefühle adäquat und haben die Fähigkeit, sie in Ihre Betrachtung und Urteils-bildung zu integrieren. Von daher wirken Ihre Stellungnahmen und Äußerungen in der Regel vernünftig und stimmig.

X1

final retardierender
Typus

Sie nehmen die Dinge schwungvoll, beherzt und vielleicht sogar wagemutig in Angriff, neigen aber im Ernstfall dazu, die Angelegenheit nochmals zu überdenken, Ihr anfängliches Urteil zu relativieren und abzumildern oder gar – vielleicht aus Angst vor der eigenen Courage – einen Rückzieher zu machen und alte Muster zu bevorzugen.

X2

initial retardierender
Typus

Sie gehen zu Beginn oft zögerlich ans Werk, mit Vorsicht und Besonnenheit, üben zunächst Zurückhaltung, können sich dann aber mit der Zeit – oder im letzten Moment – doch für ehrgeizige, fortschrittlich-moderne und eventuell sogar mutige Lösungen und Neuerungen entschließen. Dies geschieht für Ihre Umgebung manchmal überraschend.

X1
X2

mutierender Typus

Sie neigen generell dazu – manchmal auch überraschend und eventuell sogar im letzten Moment –, Ihre Meinung zu ändern. Plötzlich schalten Sie den Rückwärtsgang ein oder wagen im Gegenteil wider Erwarten den großen Schritt nach vorne. Man wird Sie daher oft erst einschätzen können, wenn Sie Ihre Stimme abgegeben haben.

Bilderkatalog

Diese Liste versammelt die Titel der einzelnen Büroklammernbilder. Bitte beachten Sie, dass die Bildtitel nicht Teil des Psychogramms sind.

1 Der Ehrgeizige

2 Der Schleicher

3 Der Sexsüchtige I

4 Der Bürgerschreck

5 Der Pyromane

6 Der Aufrichtige

7 Der Verschämte

8 Der Bodybuilder I (Bizeps)

9 Der Bodybuilder II (Bauchmuskeln)

10 Der Nesthocker

11 Der Hinterlistige

12 Hans Guck-in-die-Luft

13 Der Sexsüchtige II

14 Der Bodenständige

15 Der Feigling

16 Der Xenophobe

17 Der Exhibitionist (Goldfinger)

18 Das Stehaufmännchen

19 Der Unverdächtige

20 Der Bettler

21 Der Gemütliche

22 Der Resignierte

23 Der Optimist

24 Der Introvertierte

25 Der Offenherzige

26 Der Triumphator

27 Der Zauderer

28 Der Verklemmte

29 Der Sexsüchtige III

Fehlt der Testbogen, oder möchten Sie
ihn ein weiteres Mal ausfüllen?

Einfach auf folgender Webseite
kostenlos ausdrucken:
www.bueroklammern-verbiegen.de